4 Secretos Para Ser Exitoso!!

Phil Brewer y su '41 Chief

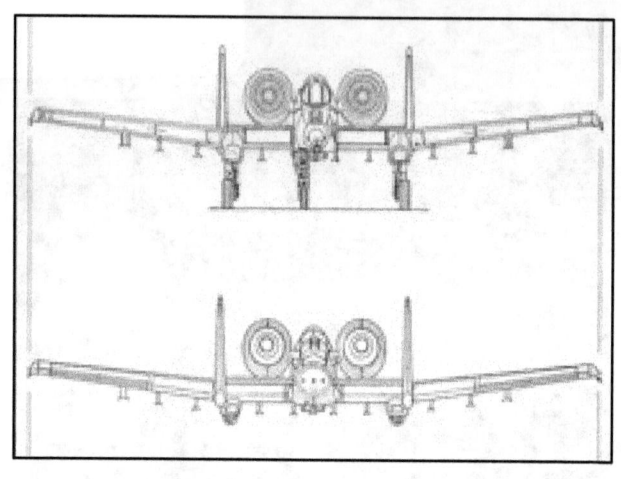

La Guía del Piloto de Combate Para los Negocios

4 Secretos Para Ser Exitoso!!

www.philipbrewer.com

"Reliquia"

Un día pensé que sería divertido llevar a mi entonces pequeño hijo Aaron al Museo Aeronáutico de Pima, en Tucson, Arizona. Orgulloso, le mostré los 4 aviones que había piloteado durante mis días de servicio en la Fuerza Aérea de los Estados Unidos y le explique que de los 4 aviones, 3 de ellos eran exactamente esos los que yo había piloteado.

A esto le siguieron unos segundos de silencio. Entonces, en un tono profundo, me preguntó retóricamente, "Papá, ¿eso no te hace sentir como una reliquia?"

Hoy estoy orgulloso de haber sobrevivido mis días de servicio para volverme una reliquia y poder mostrarle a mi hijo lo que hice mientras servía a mi país durante tiempos difíciles.

Este libro se lo dedico a Mónica, mi increíble esposa, a Aaron y a su esposa Mona, y a sus tres maravillosos hijos – mis nietos, Kaitlyn, Sarah y Aidan.

Quisiera también recordar a los hombres con quienes serví, quienes no tuvieron la oportunidad de ser llamados una reliquia por sus hijos. Que en paz descansen hermanos.

www.philipbrewer.com

"Una vez que has volado, caminarás por siempre en la tierra con la mirada hacia el cielo, pues ya has estado ahí, y siempre ansiarás volver."

Leonardo da Vinci

Introducción 10

Prólogo – 'El hombre con el traje de aviador' 13

Acerca de los pilotos: 21

¡Conózcase a usted mismo! 34

Entonces, los 4 secretos son: ...37

Secreto #1 Encuentre su propia semilla. 38

Secreto #2 ¡Plante su semilla! .69

Secreto #3 ¡Haga crecer su semilla! 79

Secreto #4 Coseche sus cultivos . 108

Contácteme en cualquier momento: 113

www.philbrewer.com 113

Mayores logros: 122

www.philbrewer.com

"Una vez que obtienes las alas, jamás las perderás, así sean visibles o no. Las alas se fusionan con el alma a través de la adversidad, el miedo y la adrenalina, y nadie que las haya portado con orgullo, integridad y valor, podrá dormir tranquilamente con ese "llamado de la naturaleza" que se permea a través de las ventanas en la oscuridad de la noche.

Cuando un buen piloto se retira de su 'trabajo', muchos sienten envidia, otros sienten gusto, e incluso otros que ya se han retirado, dudan. Dudamos si aquel piloto que se retira sabe lo que está dejando atrás, pues nosotros ya lo sabemos.

Sabemos ya, por ejemplo, que después de una vida de una camaradería que pocos llegan a vivir, ésta permanecerá como una nostalgia por tiempos pasados.

Sabemos que en el mundo del vuelo existe una hermandad que durará mucho tiempo después de que colguemos los trajes de vuelo en el guardarropa. Incluso sabemos que si nos deshacemos de ellos, estarán sobre nosotros con cada paso y cada respirar de nuestras vidas.

Sabemos también, que aquello que carga un hombre nos habla de lo que fue, y que en su corazón aún es." Autor Desconocido.

"El éxito no es la clave para la felicidad. La felicidad es la clave para el éxito. Si amas lo que haces, serás exitoso." Albert Schweitzer

Introducción

¿Por qué es mi experiencia adquirida durante mi carrera como piloto de combate profesional relevante para el éxito en los negocios y como emprendedor? La disciplina requerida, así como la dedicación a la excelencia, son enormes. Juntemos eso con la disposición a aprender habilidades completamente nuevas y la capacidad de aceptar retos extremos para la mente y el cuerpo.

Estos y muchos otros elementos son requeridos para convertirse en un piloto elite de las Fuerzas Armadas de los Estados Unidos. Entonces, estas son las cualidades que me han guiado en cada objetivo que he perseguido desde entonces.

Muchos profesionales se rodean de otros profesionales similares. Esto genera una tendencia a olvidar lo especiales que son. ¡Tienden a olvidar como los ven los demás! Lo mismo sucede entre los pilotos.

Muchas de las lecciones que aprendí más tarde en la vida me enseñaron que cualquier persona instruida y consciente de sus propias habilidades puede adoptar y aprender estas actitudes. Esto es lo que le voy a enseñar a usted en este libro.

Mientras que algunas experiencias aprendidas por necesidad son mejor narradas en la forma en que sucedieron, le pido a usted, el lector, que disfrute la historia y sienta las emociones que – a menos que ya las haya vivido – solo pueden ser imaginadas. Este libro no es exactamente sobre memorias. Sin embargo, muchas de las lecciones son contadas a través de eventos reales de mi vida.

"Si puedes soñarlo, puedes lograrlo." Walt Disney.

Creo que mientras lea este libro, usted podrá reflexionar sobre su singularidad especial. Con esa reflexión será capaz de hacer crecer con éxito su carrera hacia cualquier objetivo que se proponga.

"Si uno avanza confiadamente en dirección a sus sueños y objetivos para poder vivir la vida que ha imaginado, se encontrará con un éxito inesperado."
Henry David Thoreau

Prólogo – 'El hombre con el traje de aviador'

El aire era azul, con aquellas grandes y esponjosas nubes blancas. La sensación del aire fresco de la mañana, matizada con el olor del combustible JP4 era vigorizante. Navegando en mi jet A-7D Corsair II, muy por encima del pavimento, con 14,250 libras de empuje disponibles, ¡me sentía en la cima del mundo!

Me encontraba asegurado al jet, con todo y mi traje de aviador resistente al fuego *Nomex*, mi casco pintado con los colores del escuadrón, un traje anti gravedad y una máscara de oxígeno. Todo conectado de manera orquestada a un asiento con carga balística bajo mi trasero.

El traje anti gravedad es similar a un par de chaparreras apretadas con cremallera alrededor de las piernas y la cintura. Una manguera lo conecta desde una fuente de aire a una toma de aire del lado izquierdo del traje.

El aire de alta presión proviene de ser purgado desde el compresor número 5 del motor.

La finalidad del traje anti gravedad es llevar el aire presurizado a la toma de aire en el traje e inflarlo. Esto ocasiona una alta presión sobre las piernas y el abdomen, lo cual ayuda a prevenir que la sangre escape de la parte superior del cuerpo hacia las piernas, y así permite mantenerse "consciente" al alcanzar 7 o más g's.

Una "g" significa una gravedad. La mejor manera para entender esto es pensar en su peso actual. Por ejemplo, si usted pesa 200 libras, entonces a 1g sentirá su peso normal de 200 libras. A 2g's, usted sentirá su peso equivalente a 200 x 2, o 400 libras. A 3 g's usted sentirá un peso de 600 libras. Y así sucesivamente.

La carga balística bajo el asiento está conectada a un gatillo que le dispararía hacia arriba junto con su asiento con la intención de escapar de un avión dañado. Detrás del asiento se encuentra un paracaídas que se abre automáticamente una vez que se dispara una carga para separarle del asiento. Claro, esto sucede una vez que ya ha salido del avión ahora no tripulado.

El casco es para evitar golpearse a sí mismo contra la cubierta y ser noqueado durante una turbulencia. También es para evitar daños a la cabeza durante la salida de la aeronave.

Asegurado a la careta del casco se encuentra un visor que protege los ojos de ráfagas de viento de hasta 500 millas por hora, en caso de tener que escapar de la aeronave. Adicionalmente, la máscara de oxígeno se encuentra conectada a una fuente de oxigeno mezclado con aire del medio ambiente. También se encuentra presurizado para poder funcionar a alturas de hasta 50,000 pies, evitando desmayarse por falta de oxígeno.

Si este oxigeno presurizado desapareciera por cualquier razón, estaría impotente en cuestión de segundos. Esto es debido a que el oxígeno en sus pulmones sería forzado a escapar de su cuerpo por la falta de presión a esas alturas – ¡incluso si usted tratara de retener su respiración!

"Vuelo Ruckus, autorizado para despegue", dijo la firme voz de la torre de control. "Copiado, Ruckus autorizado para despegue", respondí. Una señal con la mano a mi piloto de flanco y ambos cerramos las puertas de nuestras cabinas, mientras terminamos nuestras listas de verificación. Después, ensamblamos nuestros asientos, ajustamos nuestros radios a la frecuencia táctica y encendemos nuestra Identificación de Amigo o Enemigo (IFF, por sus siglas en inglés). Nuestras luces se entienden simultáneamente y nos ponemos en formación hacia la pista.

Al alinearnos, le indico a mi piloto de flanco #2 que avance. El asienta con la cabeza. Una revisión final de instrumentos y otra señal silenciosa con la cabeza, entonces liberamos los frenos juntos. Una revisión más por parte del piloto de flanco y comenzamos a acelerar velozmente por la pista.

Alcanzamos la velocidad de control de seguridad y comienzo a elevar la nariz de mi aeronave lentamente, tirando la palanca de control hacia atrás. Casi inmediatamente nos liberamos de las ataduras de la gravedad y comenzamos a subir. Con un golpecito en mi casco y un movimiento hacia atrás de mi cabeza, le indico a mi piloto de flanco que eleve el tren y después los alerones.

"Vuelo Ruckus, táctica autorizada", desde control. Otra señal y cambiamos a un escenario táctico de batalla predeterminado, con nuestros radios, IFF y otros apagadores. Un movimiento rápido con los pedales del timón le indica a mi piloto de flanco a romper filas. Nos observamos el uno al otro en caso de que haya algún problema, fuga de fluidos, bombas mal ajustadas, etc.

Una vez que revisamos que no hay problemas, otro movimiento con los pedales del timón y nos separamos 4000 pies. Entonces, con nuestras aves nos deslizamos hacia abajo, a una altitud táctica para batalla, aproximadamente 100 pies sobre la superficie de la tierra.

Esto es solo el comienzo del 'hombre con el traje de aviador'. Cada vuelo comienza prácticamente igual. Cada vez, hay cientos de revisiones y re-revisiones, planeación y ejecución, revisiones y más revisiones, llevadas a cabo de manera natural y con una completa sensación de propósito y profesionalismo.

Pero a veces, todas esas revisiones no fueron suficientes, y algunos no volvieron a casa.

El punto es que un piloto de combate es una persona excepcionalmente capaz, bien entrenada y disciplinada. Constantemente piensa en los escenarios, en el aquí en el ahora, así como planea los eventos a desarrollarse en los siguientes 5-10 minutos. A velocidades de 7+ millas por minuto, esto requiere de mucho análisis, planeación y acción para determinar el resultado ¡hasta a 70 millas de distancia!

Comencé a pensar en toda la planeación y el entrenamiento arraigado en mí, y me di cuenta que estas habilidades serían útiles durante la ejecución de mi primer negocio.

Con el paso de los años de actividad y éxito, cada vez estaba más convencido de que no es necesario que nosotros, los *'hombres con traje de aviador'*, tuviéramos esa ventaja sobre personas sin dichas habilidades.

"La vida no tiene limitaciones excepto las que uno se impone." Les Brown

Y para evitar esta ventaja, ¡yo les proporcionaría los *secretos*! Entonces, durante las siguientes páginas, le proporcionaré los secretos preliminares para el éxito, aquellos que están grabados en el *'hombre con el traje de aviador'*.

Utilizando estos secretos, usted podrá comenzar a reconocer y disfrutar el éxito en sus propósitos personales. Existen muchos tipos de propósitos y objetivos similares, los cuales se han vuelto naturales para usted. Esto es similar para aquellos que hemos sido entrenados a pensar con anticipación.

Acerca de los pilotos:
(Adaptado de incontables correos electrónicos recibidos de otros pilotos y aspirantes a pilotos. Estos puntos mejorarán en gran medida su capacidad de pensar y actuar en los negocios como un piloto de combate)

1. Siendo un aviador, puedes hacer lo que quieras durante el vuelo... Siempre y cuando sea correcto... Y cuando aterrices, ¡nosotros te haremos saber si fue correcto!

2. ¡No se puede volar por siempre sin conseguir perder la vida!

3. Siendo piloto, solo hay dos cosas malas que te pueden suceder, y una de ellas lo hará:

- Algún día caminarás hacia tu aeronave sabiendo que será tu último vuelo.

- Algún día caminarás hacia tu aeronave, sin saber que será tu último vuelo.

4. Cualquier vuelo sobre aguas en un avión de un solo motor, definitivamente garantiza ruidos anormales y vibraciones del motor.

5. Existen reglas y leyes. Las reglas fueron creadas por hombres que creen que saben cómo volar tu avión mejor que tú. Las leyes (físicas) fueron hechas por Él. Algunas veces puedes y debes ignorar las reglas, pero jamás las leyes.

6. Más acerca de las reglas:

- Las reglas son buenas para esconder cuando no tienes una mejor idea y el talento para llevarla a cabo.

- Si te desvías de una regla, debe ser con un desempeño excepcional (e.g. si vuelas bajo un puente, no golpees el puente)

7. Un piloto es la forma de vida más elevada.

www.philipbrewer.com

8. Un piloto ideal es aquel que es una mezcla perfecta entre disciplina y agresividad.

9. Acerca de los vuelos de verificación:

- El único y verdadero objetivo de un vuelo de verificación es completarlo y sacar de tu avión al despreciable auditor.

- A un piloto nunca le ha importado la opinión del auditor acerca de su habilidad de pilotar.

10. la profesión de médico es enemiga natural de la profesión de aviador.

11. El trabajo del Comandante de Ala es preocuparse incesablemente de que su carrera depende únicamente de las habilidades de sus pilotos aviadores para pilotar sus aviones sin incidentes y que su única pequeña contribución es arriesgar sus vidas en ello.

12. ¿Alguna vez has notado que los expertos que declaran que la edad de un piloto no es apta para seguir volando son personas que jamás han volado? Además, a pesar de la intensidad de sus sentimientos respecto al final de los pilotos, no he conocido ningún experto voluntario a ser pasajero en un avión no piloteado.

13. Es totalmente necesario que el piloto sea impredecible. La rebeldía es muy predecible.

www.philipbrewer.com

Al final, apegarse a las normas es la mejor forma de ser impredecible.

14. Aquel que le exige a su aeronave todo lo que puede dar es un piloto; aquel que le exige un ápice más, es un tonto.

15. Si vas a volar bajo, ¡vuela rápido!

16. Acerca de volar durante la noche:
- Recuerda que el avión no sabe que es de noche.

- En una noche sin luna, jamás vueles entre las luces del avión de reabastecimiento de combustible.

- Existen algunos sonidos de las aeronaves que solo se escuchan durante la noche.

- Si vuelas durante la noche, puede ser durante mal clima, así que puedes contar doble el riesgo de ambos peligros.

- La formación durante la noche en realidad es un sinfín de conatos de accidentes en equilibrio.

- Tendrías que pagar una gran suma de dinero en muchos parques de diversiones y quizá agregar algunas drogas para obtener la misma mezcla de sensaciones psicodélicas que una sola noche de vuelo ocasiona.

17. Una de las habilidades más importantes que debe desarrollar un piloto es la habilidad de ignorar aquellas cosas diseñadas por no-pilotos para atraer la atención del piloto.

18. Al final del día, los controladores, supervisores, gente de mantenimiento, predictores del clima, y las aves – todos ellos intentan matarte ¡y es tu responsabilidad no permitírselo!

19. El concepto de "controlar" el espacio aéreo con un radar es solo una especie de sarcasmo del Buró de Aviación Federal (FAA, por sus siglas en inglés) dirigido a pilotos para ver si son lo suficientemente crédulos para

creérselo. Dicho de otra forma, ¿cuándo fue la última vez que la FAA derribo a alguien? En realidad la FAA es la Administración Federal de Aviación´

20. Recuerda que el radio es solo un buzón de sugerencias electrónico para el piloto. Algunas veces la mejor manera de aclarar un problema es apagando el radio.

21. Es una implícita y profunda afirmación de la preeminencia de volar en el espíritu humano, el hecho de que aquellos que buscan controlar a los aviadores a través de amenazas lo hacen siempre amenazando quitar a uno sus 'alas' y no su vida. ¡Supongo que eso muestra cuál es realmente más importante para un piloto!

22. Dominar las maniobras prohibidas por el Manual es una de las mejores formas de seguro de vida de aviación que puedes obtener.

23. Una táctica realizada dos veces es un procedimiento.

24. Los límites G de una aeronave existen solamente en caso de que haya un vuelo cercano a esa aeronave. *¡Si no hay otros vuelos cercanos, no hay límites G!*

25. Una de las bellezas de una aeronave de un solo piloto es la calidad de la experiencia social. (Para aquellos que no son aviadores, deben saber que la mayoría de las aeronaves cuentan con dos asientos para pilotos)

26. Si una madre tiene la más mínima sospecha de que su hijo crecerá para ser un piloto,

¡es mejor que le enseñe a devolver las cosas al lugar donde las encontró!

La responsabilidad final del piloto es cumplir el sueño de incontables ancestros y antepasados terrestres que sólo podían mirar hacia el cielo… y maravillarse.

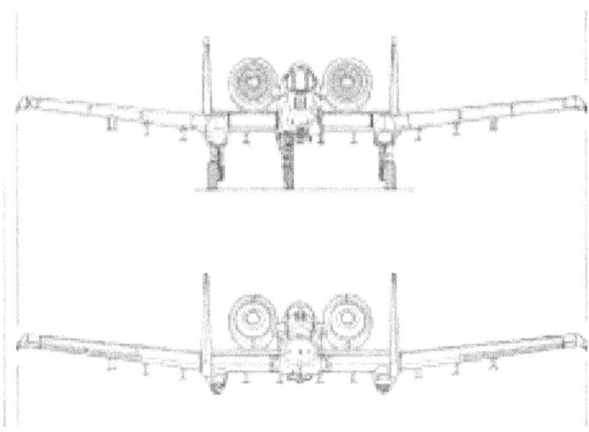

A medida que escribo esto, me detengo a reflexionar acerca de las razones de mi éxito, tanto en mi vida profesional como en mis proyectos profesionales. He tenido la fortuna de poder aplicar las técnicas y habilidades que adquirí como un piloto de combate A-7d y A-10A en la Fuerza Aérea de los Estados Unidos y poder canalizarlas hacia otros aspectos en mi vida.

Nunca había pensado en la posibilidad de trabajar por cuenta propia y definitivamente no imaginé ser empresario, pero las circunstancias me guiaron hacia esa dirección. Ser un piloto de un jet de un solo asiento, me dio las habilidades para andar con confianza por la vida. Más tarde me di cuenta que mis logros se deberían en gran medida a esa confianza.

La vida tiene muchas facetas. Una importante clave para el éxito consiste en cómo la manejas y cómo controla su actitud.

Al hacer la transición de piloto de combate a emprendedor de negocios, comencé a notar muchas similitudes entre ambas áreas que no había considerado previamente. Relacioné estas experiencias con mi vida mientras crecía, así como con la sabiduría adquirida con la experiencia.

Sin embargo, me pregunté cómo podría percibirme la gente, siendo el "Hombre en el traje de aviador"

Los hombres con uniformes han sido comúnmente venerados en nuestra sociedad: soldados, policías, bomberos, militares, y así sucesivamente. Tal vez sea que se destacan sobre el resto de la sociedad debido a su uniforme. Son diferentes al resto, son los centinelas de aquellos sectores que representan en nuestra sociedad.

Quitémosles su uniforme y ese sentido de estatus parece desvanecerse, ya sea consciente o inconscientemente. Yo quería ser visto con esa veneración siempre, no solo cuando llevara mi uniforme. Quería continuar siendo ese centinela, y me di cuenta de que podía serlo.

Con la aparente diferencia entre el hombre con el traje de aviador y el hombre sin el traje de aviador, llegué a la conclusión de que esta diferencia en realidad no debería existir, ¡o al menos no tan drásticamente!

¡Confíe en mí! No necesita haber sido un piloto de combate. ¡Tampoco necesita un traje anti gravedad o un casco! Usted puede tomar sus éxitos pasados y aplicarlos, y comenzar a avanzar en la vida de manera importante, ¡con la actitud y mentalidad de *'El hombre con el traje de aviador!'*

"La calidad no es un acto, es un hábito."

www.philipbrewer.com

Aristóteles

"*La diferencia entre la gente grande y los demás es que la gente grande crea sus vidas activamente, mientras que el resto de la gente es creada por sus vidas – pasivamente esperando saber a dónde los lleva la vida. La diferencia entre los dos es la diferencia entre vivir a plenitud o meramente existir.*"
– Michael Gerber, The E-Myth Revisited

¡Conózcase a usted mismo!

¿Es tiempo ya de conocerse a sí mismo? ¡Adelante, conózcase a usted mismo!

En las siguientes páginas le mostraré que no hay nada que no pueda lograr en su vida.

¿No me cree?

Entonces siga leyendo… *¡Usted puede hacer o ser cualquier cosa en la vida! Yo sé que esto es un hecho, más allá de cualquier duda. No necesito haberle conocido o hablado con usted. Entonces, ¿cómo es que puedo hacer tal afirmación? ¡Es sencillo!*

www.philipbrewer.com

Porque sé que en algún punto en su vida, usted ya ha logrado algo.

¡Entonces, siembre su futuro, con su pasado!

Sin importar lo que haya sido, usted ya ha logrado algo importante en su vida. Este logro, evento, o lo que sea que 'eso' haya sido, puede incluso haber sido algo que no fue notable para nadie más. Pero *usted* sabe lo que es, y le encantaría presumirlo a alguien más.

Cualquier persona, dada la oportunidad, le encantaría hablar de 'ello'. Cualquier cosa que sea o haya sido 'eso'. 'Eso' es su semilla. Es la única semilla que usted necesita. En las siguientes páginas, usted y yo la encontraremos, la plantaremos, fertilizaremos y la haremos crecer.

Es una ley absoluta de la naturaleza y de Dios el hecho de que todo crecimiento viene de una semilla que ya ha sido dada a usted. En la vida, usted debe convertirse en el productor de esa semilla, y debe volver a sembrar su jardín en cualquier área del mundo que deseé conquistar.

Entonces, los 4 secretos son:

1. Encuentre su propia semilla,

2. Plante su semilla,

3. Haga crecer su semilla,

4. Coseche sus cultivos

"La voluntad de ganar, el deseo de tener éxito, el ansia de alcanzar su pleno potencial... Estas son las llaves que abrirán la puerta a la excelencia personal." Confucio

Secreto #1 Encuentre su propia semilla.

Necesito que busque en el fondo de sus recuerdos. Esto es crucial. Intente recordar, ¿Cuál fue su primer gran logro? Debe mantener en mente que debe haber algo que usted haya logrado. O quizá hay muchos "algos". Para algunos de nosotros, puede ser algo muy obvio. Para otros, probablemente tengamos que cavar más para encontrarlo. Esto es particularmente cierto si usted tuvo una crianza que posiblemente no fue positiva o edificante.

Su "algo", o logro, pudo haber sido un evento como unirse a las ligas infantiles de algún deporte, o intentar volverse parte del equipo de porristas. Quizá fue invitado a formar parte de una obra de teatro en su escuela – ¡tal vez esto incluso le aterrorizó! Pero por alguna razón, usted siguió adelante, y fue seleccionado para algún papel en la obra.

Yo participé en las ligas infantiles de béisbol. También fui obligado a tomar lecciones de piano. ¿Cuál es la importancia de esto? Bueno, en mi mente el béisbol era un

www.philipbrewer.com

deporte masculino, pero el piano era para afeminados. Sin ofender. Así es como yo lo veía. Sin embargo, ambas requerían de práctica y persistencia.

"Las cosas no suceden por si solas. Se hacen suceder."
John F Kennedy

No podía simplemente presentarme a tiempo y pasar a formar parte del equipo. Necesitaba práctica, disciplina, y más práctica. Tampoco podía simplemente asistir a las lecciones de piano.

Eventualmente, me volví lo suficientemente bueno para jugar con regularidad en el equipo de béisbol e incluso llegué a anotar un jonrón. Viéndolo en retrospectiva, podrá parecer que fue un logro muy pequeño – pero pensándolo bien, quizá en realidad no fue tan pequeño.

Verá, para mí, esa pequeña victoria me hizo darme cuenta de que podía lograr algo. Fue algo que me obligó a esforzarme y a trabajar más allá de mí mismo para convertirme en algo más. Me permitió observarme a mí mismo desde otra perspectiva.

Aprender a tocar el piano fue similar. Aunque me disgustaba, lo seguí haciendo, pues contaba con la disciplina para hacerlo. Eventualmente memoricé algunas piezas e incluso toqué en un pequeño recital. ¡Qué hazaña fue para mí en ese momento, tener éxito en algo que alguna vez pensé que era solo para afeminados!

¿Entiende mi punto? Tómese un momento para identificar algunas semillas de sus logros en su vida temprana. Observe la progresión de estos recuerdos de su infancia. Si usted es hombre, puede haber sido una pelea después de clases o haber aprendido a patinar sobre hielo o a trepar un árbol. Verá, esas victorias tempranas fueron un lugar común para usted, ¿no es así?

¡La escuela para mí fue una carga! Solo quería ir a jugar afuera, en el aire fresco. Entonces, pasar todo el día en un salón de clases intentando concentrarme ¡se sentía como un castigo para mí! Aun así, hubo pequeños logros. Aquellas calificaciones que pensé que no podría obtener o los ensayos que creí que no podría escribir.

Recientemente me encontré con un ensayo que escribí probablemente en 8º año en Drake Junior High School en Arvada, Colorado. Quizá era 7º, en Wheelus US Air Force Base, Trípoli, Libia (ya cerrada hace muchos años). No importa. El tema del ensayo era escribir acerca de cualquier cosa que nos viniera a la mente mientras escucháramos música. Aún hoy en día, me gusta lo que escribí en aquel entonces. También a mi profesor le gustó. Me sentí alentado.

"Crea que puede y ya estará a mitad del camino"
Theodore Roosevelt

También podía correr rápido. Recuerdo haber sido alentado a correr en pista. Entonces lo hice. De nuevo, un pequeño logro, pero llegue a competir. También siempre estaba luchando con mis hermanos y mi hermana. Por lo tanto, no fue gran problema para mí entrar al equipo de lucha – y lo hice muy bien.

Cuando tenía catorce años, conseguí un empleo de medio tiempo como camarero en una Cafetería Furr. Comencé a ganar mi propio dinero. Vaya, era asombroso. Nuevamente, ¿qué había hecho? Había anotado otra pequeña victoria. Comencé a acumular una pequeña pila de ellas.

www.philipbrewer.com

"Ten cuidado con el ambiente que elijas, pues te dará forma: ten cuidado con los amigos que elijas, pues serás como ellos." W. Clement Stone

¿Comienza a entender la idea? Tómese el tiempo para realmente profundizar en alguno de sus recuerdos especiales y tempranos. Está bien olvidarse de las cosas malas. No necesita de ellas por ahora. No sería productivo y mucho menos importante. Sus éxitos futuros vendrán más fácilmente si se concentra en los significantes pequeños logros.

Entre mi segundo y tercer año de secundaria, mi familia y yo nos mudamos de Arvada, Colorado a Great Falls, Montana. Fue realmente difícil mudarnos constantemente. Pero de nuevo, la gente 'pequeña' puede ser muy resistente cuando es animada de la manera adecuada. Mamá y papá nos ayudaron a mi hermano mayor y a mí a obtener trabajos para el verano en un rancho de ovejas en el norte de Idaho. Vivimos en una casa con literas, como verdaderos vaqueros.

"Los sueños pequeños atraen a gente pequeña. ¡Los grandes sueños atraen a gente grande!" Dave Menninger.

Yo ya había aprendido la importancia del trabajo duro. Sin embargo, no me gustaba ahorrar mi dinero. Mi mamá decía que ahorrar era como hacer un agujero en mis bolsillos. Pienso que yo lo tomé de manera literal. Entonces, me dediqué a comprar cosas. Una de las primeras cosas que compré fue una bicicleta de diez velocidades. No recuerdo ya que cosa "útiles" hacía con mi dinero, pero yo tenía un trabajo. Eso me daba una sensación de importancia y de autoestima.

Aquel verano en Idaho aprendí a conducir el tractor del rancho. Era de tres velocidades, con la palanca de cambio en la columna (también conocidos en aquel entonces como tres en el árbol). Usted sabe, con embrague y todo. No recuerdo haberle dicho a nadie que no sabía hacerlo. Simplemente lo hice.

Aprendí a conducir un enorme tractor con una hoja de corte de 10 pies. Tenía pequeñas navajas triangulares, y cuando se rompían debían ser reemplazadas. Me bajaba del tractor, sacaba mis herramientas y una navaja nueva, y la reemplazaba yo mismo.

Sé que no parece mucho, pero créame que este tipo de logros son grandes. Y usted también los ha tenido. Esos pequeños milagros, esos logros tempranos. ¿Entiende la idea? Bueno, entonces, ¿qué pequeños logros similares puede recordar usted? Deténgase ahora y haga una lista:

1. ¿Cuál fue uno de sus primeros logros realmente significantes? ¿Qué efecto tuvo?

2. Recuerde su primer logro atlético. ¿Se dio cuenta en aquel entonces cómo aquello sería parte de la construcción de sus logros futuros?

3. Enliste uno de sus primeros logros escolares. Para mí, obtener calificaciones de C para arriba era un gran logro.

4. Enliste la primera vez que ganó dinero. (no como una mesada, sino a cambio de algo que usted hizo o en un trabajo)

¿Y qué hay de las decepciones o los fracasos? ¿Éstos cuentan? Claro que cuentan. Sin embargo, si pensamos en ellos, ¿por qué deberían contar? Muchas personas permiten que un solo fracaso los desanime o que cambie por completo sus vidas. Puede haber sido un pequeño comentario que no significaba nada, pero para usted significó mucho. ¿Por qué permitir que las insuficiencias de otras personas a través de sus comentarios cambien nuestras maravillosas vidas?

"Nadie puede lastimarte sin tu consentimiento."
Eleanor Roosevelt.

Dediquemos un pequeño momento a esto. ¿Quiénes son o fueron estas personas? ¿Un amigo casual, un familiar, un familiar cercano? ¿Un padre o una madre? ¿Quizá fue un completo don-nadie. Alguien que simplemente pasó por su vida.

¿Por qué permitimos que una persona controle nuestras vidas? Verá usted tiene la capacidad de controlar si permite o no que los comentarios de dicha persona le afecten. Esto tiene un impacto en todo – el que usted permita que los pensamientos de ellos le afecten a usted.

Nuevamente, el que usted permita...

Usted permitió... Dado que usted permite, entonces usted debe permitir solamente aquellas cosas que le hagan crecer, pues ultimadamente, usted es el mejor del mundo en cualquier cosa que decida hacer. Solamente necesita creerlo. Debería tomarse en serio el ser su propia persona. Su propia y única, completamente individual y hermosa persona.

La mejor manera de creer esto es que usted se aferre y se ancle a sus otros logros. Un verdadero logro sería mejor. Incluso podría ser imaginario.

Además, '¡la realidad!' [¿La realidad?] ¿Quién realmente conoce la realidad?

Nadie, ni siquiera usted, conoce la realidad. Su percepción de la realidad y cómo la acepta es la última palabra sobre el tema.

www.philipbrewer.com

"En nuestras mentes, los fracasos son como un veneno, pero la repetición de nuestros logros es el antídoto. La única manera de lograrlo es continuar levantándose e intentar nuevamente." Phil Brewer

{Repita eso} ... ¡Su percepción de su realidad de la situación y cómo la acepta es la última palabra sobre el tema!

Honestamente mis 'pequeños logros' me ayudaron a seguir adelante. Por lo tanto, en su vida, cuando usted dude de sí mismo, ¡recordar sus pequeños logros puede ser su motivación! La motivación para caminar hacia el ámbito de ser verdaderamente grande en cierta forma.

Ahora, aclaremos algo. Tome esas victorias y pase al siguiente círculo de la victoria. No solamente reviva aquel pequeño logro y permita que ello se vuelva su vida.

¿Cuántas personas han permitido que un solo logro se vuelva su futuro? No lo llevaron al siguiente nivel. Se detuvieron ahí mismo. Se convirtieron en aquella persona que siempre presumen aquel logro a todos pero que nunca jamás lograron algo más.

"Las altas expectativas son la clave para todo." Sam Walton

Así que, por supuesto, este no es el resultado que usted quiere. Usted quiere que aquel pequeño logro impulse su siguiente triunfo, su próximo Waterloo. Siga adelante. Repita su último triunfo en un área nueva. ¡Construya sobre él!

Entonces, ¿cómo sube al siguiente nivel? Primero, usted debe avanzar. Encuentre su siguiente montaña a escalar y cuando tenga dudas o inhibiciones, *¡reproduzca su último logro!*

"*¡No puedes construir tu reputación en lo que vas a hacer!*" Henry Ford

Me sorprende lo poco que logramos en nuestras vidas por no hacer esto. Lo peor es la facilidad con la que permitimos que alguien más defina lo que es normal, o lo promedio, y entonces tratamos de entrar en esa pequeña caja.

Comenzamos algo nuevo e inmediatamente buscamos satisfacer lo que es normal o requerido. En lugar de encontrar nuestro propio estándar, establecemos nuestro estándar basado en otros.

Somos como el vendedor que observa lo que están vendiendo los demás, y quien está vendiendo más, y después tratamos de 'encajar'. Tratamos de ganar la carrera contra otros que son excelentes en su deporte. Deberíamos más bien ir a nuestro propio ritmo.

Existen muchas historias de personas que incursionaron a un nuevo campo. Un campo en el cual el éxito es calculado con cuánto se logra o qué tan rápido – o ambas.

Esta persona, sin conocer el estándar de excelencia, hace su trabajo como él o ella cree que debería hacerlo, para después descubrir que es considerado superior en su compañía o departamento. Y entonces algo sucede. Empiezan a encaja en el 'estándar' y se adaptan a un nivel 'normal', comúnmente mediocre. Este nivel está muy por debajo de lo que inicialmente habían logrado.

Otro ejemplo de esto puede ser llegar a un nuevo trabajo y preguntar o ser indicado qué se espera en términos de producción. Quizá una comisión o un bono son obtenidos cuando se llega a un nivel mensual de ventas.

Entonces, se llega y se excede este nivel por centavos. ¿Qué si el nivel fuera excedido por un 20% y entonces esto se volviera el nuevo requisito para obtener el bono? Entonces, lo que parecía imposible entonces se vuelve posible.

"La aventura se puede vivir en cualquier momento. Solo depende de tu estado de ánimo."
Clive Cussler

Se dice que Tiger Woods comenzó a jugar, el nivel del golf ha aumentado y se ha vuelto más competitivo. ¿La razón? Tiger Woods, a diferencia de otros jugadores, en realidad compite solamente contra sí mismo. Establece su propio estándar sin importar lo que hagan sus competidores.

Otro ejemplo de esto son los records mundiales de hace 40 años. Hoy en día estos records son comúnmente superados por atletas juveniles.

www.philipbrewer.com

Yo pude observar esto en mi vida cuando fui elegido para entrenar para piloto. Desde que me convertí en un piloto de las Fuerzas Aéreas de los Estados Unidos, he escuchado a personas decirme que eso es lo que ellos realmente querían hacer, y después una explicación sobre por qué no lo hicieron.

Por ejemplo, "bueno, no fui aceptado debido a mis ojos."

A lo cual yo respondo, "¿de verdad? ¿Qué hay de malo con tus ojos?"

"Pues, yo utilizaba anteojos, y escuché que si utilizas anteojos no puedes ser piloto."

Entonces decidieron por su cuenta que no eran aptos, basados en lo que ellos creían saber, pero no en lo que realmente encontrasen al intentarlo.

Viéndolo en retrospectiva, es algo gracioso, pues yo también utilizaba lentes. Sin embargo, antes del examen militar para la vista, ¡comí zanahorias durante una semana entera y mi madre rezó por mí!

En realidad no me sorprendió haber pasado el examen la cantidad de veces requeridas – una vez. Porque lo *intenté* y porque *decidí* pasar el examen.

www.philipbrewer.com

¿Cuál es la lección en esto? No se permita a si mismo ser en 'cangrejo en la cubeta' con otros que están dispuestos a poner la meta lo suficientemente baja para no tener que llegar a cumplir su grandeza.

¿Si sabe usted acerca los cangrejos en una cubeta, cierto? Si no sabe, esta es la analogía: básicamente, si usted quiere mantener a un cangrejo atrapado, es imposible hacerlo en una cubeta sin tapa. ¿La solución? Simplemente introducir otro cangrejo en la misma cubeta. Siempre que uno de ellos intente salir, el otro lo jalará hacia abajo.

Ahora es el mejor momento para atacar este punto. Sé que para mí, el mejor desempeño que puedo lograr es estando rodeado de aquellos que me alientan. Debemos, definitivamente *debemos*, rodearnos de aquellos que nos hacen crecer. Si no pudiera hacer esto, entonces usted tiene que encontrar una manera de cambiar su entorno para que esto pueda suceder.

¿Cuál era su materia favorita en la escuela? Lo más probable es que usted haga lo que hace hoy porque se destacó en algo en lo que fue alentado. Seguramente hay excepciones, pero aún si usted hubiese querido cambiar hacia algo que le fuera de interés, tendría que haber encontrado aliento o motivación en algún otro lugar.

"Siempre has tu mejor esfuerzo. Lo que siembres ahora, lo cosecharás después." Og Mandino

Por lo tanto, busque situaciones y personas alentadoras. Rétese a sí mismo y muévase en dirección a recibir aliento de otras personas.

Desafortunadamente, hoy en día muchas escuelas cuentan con personal docente y administradores negativos. Pareciera que ya no están en el rubro de crear excelencia. Así que usted necesitará superar algunas mentalidades negativas que seguramente encontrará incrustadas.

La mejor manera de lograr esto es con la ayuda de un coach motivacional. Alguien que le conozca lo suficiente, ¡y que pueda retarlo a ser lo mejor posible! Alguien que pueda ayudarle a llegar más lejos.

Mi primera experiencia en esto fue como cocinero en un restaurante muy grande. El dueño y el chef constantemente me daban razones para querer sobresalir. Ellos me hacían cumplidos significativos para mí. Esto me alentó a querer llegar más lejos y a trabajar aún más duro.

Uno de los retos más grandes que enfrenté fue una experiencia con un mentor. Me encontraba ubicado en Vance AFB, Oklahoma. El programa de entrenamiento para pilotos era extremadamente exigente y un gran reto. Para empeorar las cosas, el instructor asignado a llevarme de ser un oficial nuevo a un piloto experto era sencillamente pésimo.

Su capacidad para inspirar confianza era inexistente. Tenía una actitud mediocre hacia mí, que me encontraba a su cargo. Además, él no tenía deseo alguno de ser un piloto instructor.

Ya que yo no había planeado mis propios sueños y metas, fue una lucha. No me conocía a mí mismo. En retrospectiva, permití que su mala actitud alejara de mí la oportunidad de ser un piloto de jets.

¿Mi solución? Simplemente decidí renunciar. ¡No bromeo! No quería esforzarme tanto por algo que no significara algo para mí. Yo no quería llegar a ser lo que él era.

4 Secretos Para Ser Exitoso!!

"Siempre es muy pronto para rendirse."
Norman Vincent Peale

Para renunciar, debí reunirme con el Jefe de Entrenamiento. Él quería saber por qué me enlisté al entrenamiento de piloto en primer lugar. Yo no tenía una respuesta. ¡Jamás había pensado al respecto!

Él procedió a regañarme. Me recordó lo difícil que era el hecho de llegar ahí. Molesto, me explicó cómo yo estaría desperdiciando la oportunidad, que habían muchos hombres que hubieran dado lo que fuera por estar en mi lugar.

Él me llamó acertadamente un cobarde por mi decisión y mis razones. ¡De alguna manera esta charla me motivó y me alentó!

Comencé a darme cuenta de que realmente valía la pena luchar por ello. Abruptamente, cuando estaba a punto de echarme, le pregunté si podría darme otra oportunidad.

Hasta la fecha no estoy seguro de por qué obtuve otra oportunidad. Realmente no debí haberla tenido. Cuidadosamente me explicó las consecuencias de lo que yo había intentado hacer, y entonces me asignó condicionalmente a otro instructor.

El nuevo instructor, el Teniente 'Roach' Jones era un amante del arte de la tutoría. Roach me ayudó a cambiar mi vida. No solo era un buen piloto, sino que hizo el aprender a volar divertido. Todos los días trabajé duro no sólo para lograr mi objetivo, sino también para lograrlo por él.

"Son las decisiones, no la suerte, las que determinan el destino de uno." Unknown

Ahora sé que esta clase de tutoría y liderazgo son cruciales para todo esfuerzo. Realmente creo que esto es cierto. Por lo tanto, le sugiero a usted que encuentre a su mentor inspirador. Trabaje en ello. (Curiosamente, los tres alumnos de Roach fueron los tres mejores de la clase. ¡Gracias Roach Jones!)

Antes de ser concedido con esa segunda oportunidad en el entrenamiento para piloto, mi objetivo era simplemente entrar a la Fuerza Aérea de los Estados Unidos. Mi esposa estaba embarazada y necesitaba el ingreso y los beneficios. Más allá de eso, no tenía otra motivación.

No había deseado tanto ser piloto como para ser desafiado por un tutor mediocre, ni era mi sueño. No era lo suficientemente importante para mí como para luchar por ello.

Ahora, simplemente *tenía* que ser un piloto. ¡Después me determiné a ser un piloto de combate! No era opcional. Ya que ahora tenía un verdadero mentor que me alentaba, el trabajo necesario para lograrlo ahora pasaba a segundo plano.

¿Fue difícil? Oh sí, *definitivamente*. Más de lo que se podría creer. Yo jamás busqué cursos técnicos y retadores durante mis estudios, así que tuve que aprender toda clase de habilidades técnicas. Matemáticas, meteorología, planeación de vuelo, navegación, habilidades de memoria, entre otras cosas que ahora he olvidado.

www.philipbrewer.com

4 Secretos Para Ser Exitoso!!

"¡No requiere de mucho más esfuerzo soñar en grande que soñar en pequeño!" Leslie Clark.

Un comentario acerca de los sueños y metas. Para la mayoría de nosotros, un sueño es un deseo y un objetivo es un destino. Lo que sea que usted desée es simplemente eso. Las metas se fijan en base a los sueños. Entonces, al identificar sus metas, piense primero en la vida 'perfecta' para usted.

Considere aspectos de su vida - espiritual, sus relaciones, tipo de hogar, automóvil, cuántos hijos, etc. – y entonces, en base a esta lista de aspectos importantes, identifique lo que realmente quiere lograr en lapsos de 1 año, 5 años y 10 años.

En mi caso, tengo la meta de tener cierto ingreso. Entonces descompongo este objetivo en lo que tengo que lograr para obtener ese ingreso. Después, identifico los pasos específicos necesarios y las acciones requeridas para cumplir esos objetivos.

Piense en ello como si decidiera hacer un viaje a un lugar exótico y lejano. Si es posible llegar por tierra, entonces usted tiene que tomar algunas decisiones. Podría caminar, andar en patineta, bicicleta, conducir un automóvil, pedir aventón, volar, o tomar un tren para llegar.

¡Bueno, usted entiende la idea! Usted debe evaluar el tiempo y la distancia. ¡Obviamente no puede optar por caminar si debe recorrer miles de millas y quiere llegar a su destino en 10 días!

En cuanto a los objetivos relacionados con ingreso económico, si usted nunca ha recibido ingresos de $250,000 al año y actualmente percibe $75,000, entonces deberá identificar algunos cambios radicales en lo que hace actualmente para llegar a esa meta. Siempre deberá estar dispuesto a hacer cambios. Los sacrificios serán parte del precio.

"¡Cree en ti mismo! ¡Ten fe en tus habilidades! Sin una humilde y razonable confianza en tos propios poderes, no podrás ser exitoso o feliz." Norman Vincent Peale

Entonces, ya que ha decidido el medio de transporte, deberá comenzar a planear el viaje, paso por paso. Ya ha identificado su destino, ¡entonces solo necesita comenzar! Esta es la clave al establecimiento de metas. Deberá escribir primero la meta o destino, y entonces pensar en los elementos necesarios.

Todos hemos visto a gente buscar una educación para ser un ingeniero o cualquier otra cosa, para después descubrir que no solamente no les gusta el trabajo de la profesión que buscaban, sino que no les brinda el ingreso económico de sus sueños.

Es por esto que la orientación y tutoría son tan importantes. Usted querrá hacer lo que ama y disfruta, realizar su llamado, pero también querrá hacer aquello que le brinde la recompensa adecuada para satisfacer sus sueños.

"No permitas que lo que no puedes hacer, interfiera con lo que sí puedes hacer." John Wooden

www.philipbrewer.com

"No juzgues cada día por los frutos que cosechas, sino por las semillas que plantas." Robert Louis Stevenson

Secreto #2 ¡Plante su semilla!

Plantar su semilla consiste en tomar todo lo que hemos discutido acerca de encontrar sus logros pasados y ponerlo en la mejor zona posible para su crecimiento.

Durante el primer capítulo hablamos de cómo encontrar su semilla y de trazar un plan para crear su futuro. ¿Cómo logramos esto? ¿Esta plantación de semillas?

Primero, debemos descubrir donde plantar la semilla. Aquí es donde el concepto de la fe entra. La fe es comúnmente utilizada en aspectos espirituales o religiosos. Por supuesto, existe un cierto aspecto espiritual en la construcción de un nuevo *usted*.

La fe a la que yo me refiero es exactamente esa esperanza al esperar una cosecha de vegetales después de plantar las semillas. Usted tiene la esperanza de que una vez plantadas las semillas y con sus debidos cuidados, entonces florecerán. Esto puede estar basado en su experiencia en el proceso o en el conocimiento de la experiencia de alguien más.

Por lo tanto esa es la fe necesaria en esto. Usted deberá entender que si no ha utilizado una técnica antes, entonces deberá basarse en las experiencias de alguien más para guiarse.

Para crecer y desarrollarse, ¡una semilla de un vegetal no necesita que crea en ella! Esto también es cierto para una semilla mental. No hace daño, pero la semilla crecerá en base a la naturaleza de las leyes de Dios, tal como la gravedad. No necesita creer en ella para que funcione. ¡La fe consiste en tomar acción y plantar la semilla!

Comience a plantar su semilla visualizando su logro. Visualice esto de manera tan real como le sea posible. Imagine en su mente (como si realmente lo estuviera observando) aquello que sea su objetivo...

Mucho antes de que me interesara la lectura acerca de crecimiento y desarrollo personal, tuve en alguna ocasión la necesidad de visualizar. La visualización es el proceso de poder ver en tu mente el resultado deseado antes de haberlo conseguido en el presente o en vida real.

Habiendo completado exitosamente el entrenamiento de piloto, de supervivencia en el agua, supervivencia básica en la montaña y en el invierno, el entrenamiento avanzado de combate y después cuatro meses de entrenamiento especial en el complicado combate de aviones de combate de un solo hombre, el A-7D, ¡entonces me topé con un muro!

Uno de los requisitos para aprobar el curso era reabastecer de combustible la aeronave detrás de un avión de reabastecimiento durante la noche. Si no lo lográbamos al menos una vez, éramos expulsados del programa. Se nos permitían dos intentos.

Ya habíamos reabastecido antes durante el día, entonces debería ser un proceso sencillo hacer lo mismo durante la noche. La diferencia en este caso resultó ser el instructor, más que el evento.

Había tres estudiantes y un instructor. El instructor resultó ser un comandante de escuadrón muy malhumorado y arrogante. Su método para animarnos consistía en proferir obscenidades desde mucho antes que nos acercáramos al avión de reabastecimiento. "Idiotas, estamos listos para expulsarlos del programa, así que acabemos de una vez con esto..." No bromeo.

Tuve que superar su falta de fe y generar la mía. En algún lugar había escuchado que se podía 'volar desde un sillón'. Esto significa, visualizar mentalmente una misión sin realizarla.

"La afirmación sin disciplina es el comienzo de una desilusión" Jim Rohn

Se logra sentado en una silla o sillón, y 'volando' la misión entera en la mente desde la silla. Decidí que el vuelo del día siguiente iba a ser muy importante. No estaba listo para rendirme, dar la vuelta y 'orinarme encima.' (Una manera maleducada de decir 'rendirme')

Entonces decidí intentar esta técnica de visualización. Prefiero llamarla 'volar desde el sillón', pues suena más lógico que llamarlo visualización. Una vez más, simplemente consiste en repasar los movimientos futuros de un evento planeado.

El objetivo es poder observar cada aspecto del evento, sus dilemas potenciales, obstáculos y demás, y verse a sí mismo enfrentando estos problemas potenciales por avanzado, antes de tener que lidiar con ellos en la realidad.

Realizar un vuelo en la mente y observar cada detalle desde el despegue hasta el aterrizaje era algo nuevo para mí. Sin embargo, un instructor me había dicho que intentara hacerlo. Así que lo hice. Durante dos horas cada ocasión, visualicé el vuelo de la siguiente noche tres veces. Ese fue mi método de estudio. 'Observé' cada aspecto del vuelo.

Durante la noche siguiente, c u a t r o elegantes aviones A-7D marchábamos por la pista a 120 millas por hora. Avanzando en formación, las luces de mi aeronave gentilmente acariciaban el aire de la noche. La aceleración aumentó constantemente mientras recorríamos la pista.

En cuestión de segundos alcanzamos la velocidad de despegue. Tirando de la palanca de control, mi aeronave comenzó a elevarse gentilmente para lograr una inclinación de 12 grados con la nariz hacia arriba.

Tan pronto como lo hicimos, ya estábamos volando. El líder de vuelo nos señaló subir el tren y guardar los alerones. Me envió a separarme de la formación cercana a una formación extendida, y comenzamos a esperar a que se nos unieran otros dos elementos. Cerca de tres minutos después estábamos en formación con ellos y comenzamos a elevarnos hacia la ruta de vuelo pre-planeada.

"Sé la vara con la cual se mide la calidad. Algunas personas no están acostumbradas a un entorno en el que se espera excelencia." Steve Jobs

Cuarenta minutos después, llegamos al punto de reunión con el avión de reabastecimiento y se nos dio autorización para acercarnos. Siendo una noche tan oscura, fue muy fácil identificar a este gigantesco monstruo volador. Era un KC'135 y estaba tan iluminado como un gigante árbol de Navidad volador.

Nuestro líder de vuelo gritó algunas obscenidades, indicándonos que quería obtener su combustible antes de que los novatos nos "estrelláramos" contra el avión de reabastecimiento y lo dejáramos sin combustible. Por supuesto que estas intimidaciones ya no me afectaban, pues yo ya me había visualizado realizando exitosamente este procedimiento muchas veces en mi mente durante las últimas veinticuatro horas.

Curiosamente, los tres {estudiantes} conseguimos recargar combustible de manera exitosa.

El punto es:

1. Visualícese logrando exitosamente lo que sea que planea lograr

2. Practique, practique, practique.

3. Jamás dude de usted mismo.

4. Por encima de todo, tome acción. Incluso la más mínima acción le dará poder y le moverá hacia adelante. ¡No se puede conducir un automóvil estacionado! No se puede despegar un avión hasta que se le aplica podar. El atributo que define a la acción es el movimiento. Muévase hacia ade-

lante ahora, en este instante. Que su preparación se vuelva su movimiento inicial.

Simplemente *sea* el éxito para el que usted fue creado.

"La calidad de la vida de una persona es directamente proporcional a su compromiso hacia la excelencia, independientemente de su área." Vince Lombardi

"Cambie sus pensamientos y cambiará su mundo."
Norman Vincent Peale

Secreto #3 ¡Haga crecer su semilla!

¡Decida ser el mayor experto en su campo u objetivo!

Cualquier objetivo de negocio en el que elija involucrarse, haga su propósito ser el mejor. No sea solamente bueno. No sea solamente por encima del promedio. ¡Sea el mejor!

¿Cómo se logra esto? Simplemente decida verse a usted mismo como el mejor. A medida que admita esto a usted mismo y a los demás, comenzarán a sucederle cosas importantes.

En primer lugar, ¡admítalo para usted mismo! Cimiéntelo a su mente y a su interior, esa creencia de ser consciente de su grandeza. ¡Su condición de experto! Esto se permeará en todo lo que haga. ¡Sus acciones serán motivadas por esta creencia interior de que usted es el mejor!

En segundo lugar, usted hablará con personas que podrán o no ser expertos en cualquier cosa. Si lo son, le respetaran por la manera en la que usted se ve a sí mismo. Si no lo son, posiblemente se impresionarán por conocer a un verdadero experto. Para ellos, usted representará lo que ellos quisieran ser o tener.

Ser realmente bueno en algo es algo raro y notable. (Piense por un momento en alguien que usted haya conocido, alguien que fuera un experto en algo. ¡Ahora intente recordar si alguna vez conoció a alguien que fuera conocido por sí mismo o por los demás como el mejor del mundo!)

Por su cercanía a usted, estas mismas personas podrán disfrutar el hecho de contar con la compañía de un experto, y por lo tanto obtener un poco de notoriedad ellos mismos. ¡Esa notoriedad de poder decir a sus amigos que conocieron a un experto en el área de _____!

Otra parte importante de 'hacer crecer su semilla' es tener fe. Usted no plantaría semillas de tomate en la tierra sin esperar que crezca, ¡o esperando que crezca algo además de tomates! A menudo las personas hacen lo que necesitan hacer, pero dudan de sus acciones, y por lo tanto arruinan el cultivo. Si usted tiene fe en sus acciones y no duda de su trabajo, definitivamente puede esperar los resultados correctos.

Repasemos: un elemento presente a través de todos los pasos es el proceso llamado visualización. Usted probablemente jamás pensó en esto durante su infancia, pero a medida que crece, usted debe arraigar firmemente este concepto entre sus hábitos.

¿Por qué? Porque usted encontrará contratiempos y pequeñas derrotas. ¡Ocasionalmente encontrará el fracaso!

"La disciplina es el puente que une a los objetivos con los logros." Jim Rohn

Perceptivamente, podríamos comenzar a encontrar fallas cada que intentamos avanzar. Estas fallas seguramente llevarían a otras fallas, y entonces eso se volvería nuestra realidad.

Si esto le ha ocurrido, definitivamente puede ser revertido. Sin embargo, usted debe comenzar a ejercer una mentalidad diferente – una en la que solamente se permita visualizar el evento que está iniciando con una conclusión satisfactoria.

Recuerde, usted puede comenzar a crear su propia realidad. Esa realidad que está creando debe comenzar con usted visualizando el éxito para su evento o acción. Le recomiendo hacer esto varias veces al día.

Además, vuélvase un experto en hablar consigo mismo en voz alta. Me gusta comparar esto a volverse su propio porrista animador. Escuche su propia voz encomendándolo a la victoria.

Aleje a su mente y sus pensamientos de cualquier cosa que no sea perfección. Es mejor no decir nada si no puede evitar hablar de la derrota, o con negatividad. *Aléjese de los chismosos.* No se permita estar cerca de cualquier cosa que pueda arruinar su mentalidad.

Una de las analogías de este libro habla de los principios Bíblicos de tiempo de cultivo y la cosecha. Si alguna vez ha sembrado un jardín, debe saber que existen algunos elementos básicos. Un jardinero jamás planta una sola semilla.

Debe siempre cuidar y proteger a su nueva y frágil semilla. Ya que usted la plantó, seguramente querrá que crezca. Entonces, usted la cuidaría y la protegería – la regaría con agua, quitaría la mala hierba, y la atendería.

Piense en esos elementos mientras lee. Cuando digo que se aleje de chismosos, utilice el sentido común de la protección del suelo y su semilla. Usted no esperaría obtener una gran cosecha si rutinariamente vertiera lejía o algún otro veneno sobre la tierra. De hecho, esto podría matar su planta. Cada aspecto de su exitoso viaje debe ser visto con este nivel de cautela y preocupación.

Si usted ha desarrollado un hábito de diálogo interno negativo o de rodearse de él, ello definitivamente necesita cambiar. Usted tendrá que trabajar en ello – realmente trabajar. Un requisito inmediato para cambiar ese hábito es escribir una docena de afirmaciones en una tarjeta. Estas afirmaciones deben mencionar los objetivos que escribió antes. También deben contener cualidades y características específicas que contribuyan a su bienestar general.

Lleve siempre con usted esta tarjeta, y léala en voz alta al menos seis veces al día. Mientras más veces lo haga, mejor – pero hágalo al menos seis veces al día. Coloque una copia en el visor de su automóvil y tómela para recitarla en voz alta. Es muy importante leerla habitualmente.

Escriba afirmaciones que sean un reflejo positivo de lo que usted desea, o de lo que le gustaría cambiar – que sea similar a una lista de verificación o de cosas por hacer. Cada vez que nos preparábamos para pilotar un avión en la Fuerza Aérea de los Estados Unidos, esto era una práctica estándar.

Leíamos la lista de verificación en voz alta, paso a paso, para asegurarnos de que hubiésemos cumplido con cada punto aparentemente mundano e innecesario. Era fácil olvidar algo, lo cual podría ocasionar la muerte.

En un avión tripulado por dos pilotos, esta revisión se realizaba a manera de reto y respuesta. Si usted habitualmente conduce con su pareja, intente hacerlo de esta manera.

Esto le aportaría mayor significado e importancia a sus afirmaciones. Sin embargo, en un ambiente individual, usted deberá concentrarse en lo que dice a medida que lo dice. Intente esto: enfóquese en lo que dice mientras lo dice. Visualice esto volviéndose realidad.

Por lo tanto, una 'lista de verificación en su automóvil' (con sus afirmaciones) es el verdadero reflejo de la rutina habitual de un piloto aviador.

www.philipbrewer.com

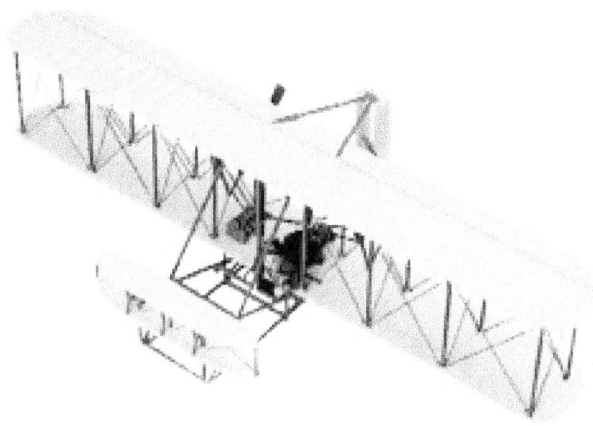

Huxley es citado diciendo, "Las palabras son mágicas por la manera en que afectan la mentalidad de quien las utiliza...."

Ejemplo de lista de verificación (afirmaciones):

1) ¡Soy un ganador!

2) ¡Tengo excelente salud! (Diga esto aún si no se siente bien. Nunca jamás diga no me siento bien. ¡Jamás!)

3) Disfruto de un excepcional éxito en todos los aspectos de mi vida.

4) Tengo una gran pareja.

5) Tengo hijos maravillosos.

6) Gano $30,000 al mes.

7) La gente se siente atraída hacia mí.

8) Me veo muy bien.

9) Soy un gran líder.

10) Soy un excelente mentor.

11) Peso 185 lb.

12) Tengo muchísima energía.

13) Me siento entusiasmado y naturalmente lleno de emoción.

El secreto para el diálogo interno efectivo es que debe incluir lo que usted desea tener como si ya contara con ello. Por lo tanto, debe estar siempre en *tiempo presente*. Es mejor decirlo en voz alta y debería decirlo con tanta convicción como le sea posible, hasta que se vuelva más fácil decirlo con naturaleza y con gusto.

Los beneficios del diálogo incluyen, entre otros, cambiar su percepción en el día a día y en su vida, así como de perpetrar las acciones necesarias para ponerse en piloto automático.

Así es, en piloto automático. Su mente y sus acciones comenzarán a llevarlo automáticamente en la dirección que usted se ha determinado.

"La autosugestión te convierte en tu propio amo"
W. Clement Stone

Todo en nuestras vidas puede ser rastreado hacia nuestras creencias y percepciones. Nosotros estamos literalmente a cargo de nuestra propia creación. Si usted tan sólo aceptara la noción de esto, sin siquiera adoptar el concepto por completo, comenzaría a moverse hacia adelante.

El último par de puntos directos que mencionaré acerca de las afirmaciones se relaciona con una experiencia que viví mientras me preparaba para mi examen para Piloto de Transporte de Aerolínea de la FAA (Administración Federal de Aviación)

"Siempre imaginé que podría ser lo que yo quisiera ser." Chris Brown

Yo había cumplido ya con mis años de servicio en la Fuerza Aérea de los Estados Unidos y me preparaba para una posible carrera en las aerolíneas. El examen para piloto de aerolínea es un examen largo y exhaustivo.

www.philipbrewer.com

La calificación aprobatoria promedio es de 73, y este dato es tomado de los segundos intentos.

Adquirí un curso de estudio y me dediqué durante dos días a leerlo intensivamente. Curiosamente, lo primero que el curso enseñaba era cómo estudiar, e iba en contra de todo lo que yo había aprendido hasta entonces acerca de la preparación.

¡El curso mencionaba que debía leer en voz alta mientras al mismo tiempo escribía lo que leía! La idea es que el cerebro aprenderá y retendrá más mientras más sentidos sean utilizados. (Leer en voz alta, mientras escribes involucra el uso de cuatro sentidos)

Mi otra experiencia relacionada fue cuando di una charla frente a ochenta personas. Yo conocía el material del que hablaría, pero solamente mediante el ensayo en voz alta, fue que me sentí cómodo con el material y el discurso. Arraigué en mi mente la manera en la que presentaría el material.

Por lo tanto, si se puede arraigar en la mente lo que *sí* se desea, también se puede experimentar el sufrimiento de arraigar en su cerebro lo que no desea, como "comienzo a sentir que me resfriaré..." U otras afirmaciones sumamente contraproducentes. Ya es bastante malo pensarlo, pero sobre todo *¡tenga mucho cuidado con lo que dice en voz alta!*

Un breve resumen sobre este capítulo. Usted debe atender a su semilla y su siembra para asegurar su cosecha. No puede permitir que la mala hierba de *'pensamientos de fracaso'* entre en su mente. El éxito es una actitud que necesita un esfuerzo y una concentración de tiempo completo. No existe la suerte cuando se habla de gente exitosa, ellos se han programado y controlado su futuro a través de su mentalidad y sus actitudes.

¡Asuma la responsabilidad! Así es, sea capaz de aceptar que usted mismo es la razón por la que se encuentra en donde se encuentra – mediante sus pensamientos, sus acciones, su habla, su actitud y su preparación. Ármese de valor y hágase responsable de usted mismo. Evite el juego de las culpas.

www.philipbrewer.com

¡No sea perezoso! En serio, ¿por qué tendría usted que ser motivado por alguna fuente o persona externa para avanzar? Claro, todos quisiéramos poder decir que somos el mejor y tener excusas para salvarnos de la culpa. En lugar de menospreciarse, mire lo que ha o lo que no ha hecho en la búsqueda de sus metas y sus sueños, y realice los ajustes necesarios.

"La sabiduría más verdadera es una resuelta determinación" Napoleón

¿Alguna vez ha observado un video de un misil lanzado hacia un objetivo desde un avion? Si es un objetivo móvil, como todo en la vida, entonces el misil siempre lleva ligeramente la delantera y constantemente hace ajustes necesarios para dar en el blanco. Acertar en el blanco es el resultado de cientos de ajustes. Usted no es un misil, pero debería serlo...

Sin importar a lo que usted apunte, asegúrese de conocer el objetivo, fije el blanco, y entonces con total y absoluta concentración avance hacia el objetivo. Haga los ajustes necesarios, pero jamás descarte su objetivo.

Una vida holística involucra muchos aspectos – el tiempo y el espacio no permiten incluir aquí todos los detalles. Sin embargo, debo mencionar que parte de 'hacer crecer su semilla' efectivamente es una concentración para involucrarse en todos los aspectos de su vida. El descuido en cualquiera de ellas puede llevar al fracaso:

1) *Salud:* Este es un aspecto increíblemente fácil, en serio. No comprendo la cantidad de tiempo y dinero que la gente gasta en el cuidado del cuerpo que Dios les ha dado. Cuando usted se lesiona o enferma, esto se

vuelve nuestro principal enfoque en la vida, y todo lo demás pasa a ser relegado a un plano de menor importancia. Entonces, trabaje en esto proactivamente para prevenir cualquier falta de salud.

Los dos principales *secretos* son:

A) Sea proactivo, no reactivo. no permita que un médico determine sus necesidades. Lea acerca de lo que implica un régimen saludable – lo cual implica actitud, nutrición y una adecuada alineación de la columna. (Eche un vistazo a '*Wheat Belly* a *Secrets of the Fighter Pilot in the Kitchen - A Cookbook for Everyman*).

B) Manténgase en movimiento. Claro, usted puede asistir a un gimnasio, no hay nada malo con eso. Sin embargo, si usted siente que no cuenta con el tiempo necesario, al menos inicie cada día con una rutina de estiramientos. Haga esto durante los primeros cinco a diez minutos desde que despierta. Esto le ayudará a estar alerta, concentrado, y a prevenir lesiones. Además aumentará ligeramente su metabolismo y ritmo cardiaco para lograr mantener un peso y figura saludables. Camine o ande en bicicleta cuatro o más veces por semana.

2. *Relaciones:* La salud de sus relaciones tendrá un gran impacto positivo o negativo en lo que sea que usted intente hacer. Nuevamente, sea proactivo – jamás reactivo. Es muy difícil volver a una situación en la cual usted está cómodo o satisfecho una vez que se aleja.

3. *Preocupaciones financieras:* No puede permitirse distracciones. Si no puede lidiar con los efectos de las preocupaciones financieras en su vida, usted será derrumbado en el camino a su objetivo. Tampoco debe permitirse retrasarse. Si esto sucediera, deberá luchar para llegar a la cima nuevamente. Es inevitable que en algún punto enfrentemos la marea de la vida – en algunas ocasiones baja y en otras ocasiones alta. Deberá intentar minimizar los efectos de la marea alta y maximizar los de la marea baja. Sin importar lo que pase, deberá luchar siempre. Recuerde que es inútil participar en el juego de las culpas, excusas y justificaciones – es totalmente irrelevante. Simple-

mente no acepte el presente como su realidad permanente.

4. *Espiritual:* Su vida emocional se encuentra completamente ligada a su bienestar total u holístico. Dedicar energía hacia una rutina diaria y semanal de reflexión es esencial. Nuevamente, es de suma importancia ser proactivo en lugar de reactivo.

"¿Puedes imaginar lo que haría si pudiera hacer todo lo que puedo?" Sun Tzu

De ninguna manera estas cuatro áreas constituyen una lista completa, pero cada una de ellas es un área importante en la vida que debe ser tratada. Es esencial tomar esta lista resumida y expandir sus ideas acerca de las acciones necesarias para trabajar en esas áreas.

Anteriormente, en el capítulo 'plante su semilla', le hablé del proceso de establecimiento de metas. Mucho se ha escrito y enseñado acerca del establecimiento de metas. Recuerde, una meta u objetivo es como un blanco. ¿Por qué lanzar un par de costosos misiles a algo que no es un blanco? ¿Por qué disparar a algo que no existe?

Me parece una locura la cantidad de tiempo que se toman algunas personas para prepararse. Es como si esas personas atendieran por siempre la escuela – aunque no hay nada de malo en ella.

Sin embargo, realmente no hay razón para ir a la escuela, a menos que sea un prerrequisito para una determinada meta. Asistir a la escuela interminablemente, gastando tiempo y dinero simplemente por la obtención de un 'título en papel' con la esperanza de determinar qué es lo que se quiere hacer en la vida, ¡es una locura!

www.philipbrewer.com

Muchos de ustedes podrán señalarse a sí mismos y saber de lo que hablo. No sabemos definir prioridades en nuestras vidas para determinar nuestro resultado. Entonces, alguien nos dice que obtengamos un título y un trabajo. Todo esto sin siquiera saber cuánto es la paga por el trabajo, donde viviremos, o cuánto tiempo nos restará para 'vivir' nuestras vidas.

Quiero hacer hincapié nuevamente en esto, en caso que usted no lo hiciera cuando lo mencioné antes. Deténgase ahora y olvídese del trabajo que consideró. Deténgase y determine como quiere que sea su vida. Hágalo y considere las incontables horas dedicadas diariamente a hacer algo que no es gratificante o satisfactorio.

Los aspectos a considerar en cualquier punto de la vida:

1) Espiritual

2) Familia

3) Ingresos

4) Longevidad y salud

5) Entretenimiento

6) Voluntariado

7) Y por último, lo gratificante de su empleo. Estoy seguro que usted ya ha escuchado antes que el verdadero trabajo perfecto es aquel que usted estaría dispuesto a hacer sin paga alguna, pues significaría tanto para usted que usted desearía hacerlo – sin importar lo que sea.

"Para dirigir la orquesta, tienes que dar la espalda al público." Max Lucado

Anote algunas ideas acerca de su objetivo o meta, de tal forma que pueda comenzar lanzando misiles hacia el blanco y haga los ajustes para lograr lo que usted quiera – no lo que reste hacer.

Nuevamente, asuma la responsabilidad. No genere excusas. Si usted quería ser un piloto aviador, ¿por qué no lo hizo? ¿Realmente es muy tarde ya?

Cuando volaba como líder de vuelo, había muchos elementos en la misión. Primero, se nos asignaba un horario de vuelo, así como la cantidad de aviones presentes durante el vuelo. Después, se nos asignaba el nombre para cada aeronave. Generalmente se nos asignaba una 'posición' de acuerdo al nivel de experiencia.

El líder siempre era el número uno. No necesariamente porque tuviera el mayor rango u horas de vuelo. El líder podía ser alguien que en aquel día estuviera adquiriendo experiencia con pilotos más experimentados en la formación. Por lo general, la formación se dividía en dos elementos de dos aviones cada una. Cada elemento tenía su responsabilidad dentro de la formación de cuatro.

El líder también aceptaba la misión asignada al vuelo. Durante tiempos de paz, normalmente la misión sería un vuelo de simulación de combate hacia un campo de bombardeo. A veces también involucraba la participación de otro tipo de aeronaves.

"Cuando es obvio que la meta no podrá ser alcanzada, no ajustes la meta, sino las acciones." Confucio

Durante una misión de búsqueda y rescate (misión SAR, por sus siglas en inglés), un avión de reabastecimiento de combustible, helicópteros de rescate, y otras aeronaves de combate estaban involucrados. Un controlador aéreo identificaba y señalaba al sobreviviente. El líder de la misión SAR, también llamado "Sandy", ubicaba y autentificaba al sobreviviente en tierra, en territorio enemigo.

Esta era una misión sumamente compleja y que llevaba una enorme cantidad de tiempo y energía para planearla. El tiempo durante el cual un sobreviviente se puede mantener 'a salvo' de captura es mínimo.

Por lo tanto, el éxito de la misión dependía de siempre estar listos. La preparación es la clave. Aun así, los elementos esenciales previos al vuelo implicaban tiempo, consideraciones respecto al combustible, factores meteorológicos y posibles escenarios con las fuerzas enemigas, así como procedimientos de aborto de la misión, de bajo combustible y áreas de vuelo seguras. Podríamos también planear y discutir las reglas de combate − conocidas como ROI por sus siglas en inglés − el tipo de misión, altitudes mínimas de vuelo, señalizaciones, etc.

Sin importar qué tan bien hubiera sido planeada, la fluidez de la misión y las demandas del siempre cambiante plan de combate obligaban al vuelo a ser capaz de adaptarse y cambiar, siempre dentro de los límites de la disciplina del líder.

En cualquier caso, un líder no podía simplemente dar órdenes. Debía emanar confianza, hacer decisiones racionales y mantener todo en avance. En la vida, nos damos el lujo de pensar que siempre podemos retroceder, tomar un descanso, sentarnos, relajarnos, y entretenernos un rato.

"Cualquier idea, plan u objetivo debe ser establecido en la mente a través de la repetición de ideas." Napoleón Hill

En vida real, ¿podemos hacer esto, cuando hay tanto en juego? Usted debería pensar constantemente en cómo puede cumplir con el plan de la misión – cada hora, día, semana, mes y año.

Sin embargo, incluso si usted tiene un plan bien hecho, necesita ser flexible. La flexibilidad durante los vuelos era tan importante como la flexibilidad para llegar al éxito en el cumplimiento de sus metas.

"En chino, la escritura de la palabra 'crisis' se compone de dos caracteres. Uno representa peligro y el otro representa oportunidad." John F Kennedy

Un aspecto muy importante para el éxito de los vuelos era la extensa planeación. Era un tiempo de mucha concentración y trabajo antes del vuelo – tiempo que podía convertir la misión en un éxito o en un fracaso, ¡o incluso en un desastre! Si te podías permitir el lujo de planear el vuelo durante varios días, eso permitía mayor estudio y planeación.

Eventualmente, el tiempo programado llegaba y la acción debía comenzar. La planeación había llegado a su fin. Era hora de despegar y avanzar hacia la misión. Cada uno de estos aspectos es muy similar a lo que debemos hacer en vida real. La planeación de su vida y después el movimiento hacia sus sueños y metas.

En la vida, existe esta comparación. Existe un momento de intensa concentración. Mi reto hacia usted es que se concentre intensamente varias veces a la semana. Haga esto como si se estuviera preparando para un vuelo, durante bloques de tiempo de una hora.

Concéntrese por completo, sin las distracciones de la oficina o de su ambiente de trabajo. Si lo hace en casa, prepare el espacio para estar libre de distracciones.

Si lo hace en una oficina o en un ambiente laboral, coloque un letrero de "No molestar" en su cubículo. Lo importante es enfocar física y mentalmente su energía creativa hacia la misión o meta que se haya propuesto.

Secreto #4 Coseche sus cultivos

¿Qué significa cosechar sus cultivos? Piense en un granjero cortando y trillando, o lo que sea que ellos hacen. Ellos dejan los cultivos en el campo por un tiempo. Eventualmente, el granjero recolecta la cosecha y la almacena, y posteriormente la envía al mercado.

Entonces, en este libro, ¿qué hemos logrado? Hemos tocado temas acerca de la 'siembra' para un proyecto. Desde identificar y plantar su semilla, a hacerla crecer, y ahora finalmente a cosecharla. En la vida, estas actividades nunca terminan.

Debemos recordar que parte de lo que se logra al cosechar los cultivos en una granja, es la retención de la semilla para la próxima siembra. Así que, en realidad no es el final, sino un ciclo orientado hacia un nuevo comienzo.

Seleccionar la mejor semilla en su vida y vender el resto de su 'cosecha', y después preparar la tierra para el próximo año es esencial en su existencia. Observe lo que ha logrado en la consecución de sus metas, evalúe lo bueno y lo malo, y después establezca nuevas metas.

"Mi pobre padre solía decir, 'no puedo costearlo,' mientras que mi padre rico decía '¿cómo podría costearlo?" Robert Kiyosaki

Cuando establezca sus nuevas metas, tenga cuidado de no limitar o restringir su mentalidad. En ocasiones, cuando enfrentamos los inevitables contratiempos, surge la tentación de regresar a la zona 'conocida' de confort. Podríamos incluir 'apretar el cinturón' financieramente. Aunque sin duda es una actitud responsable el querer vivir dentro de nuestras posibilidades y presupuesto, sea cuidadoso para no retroceder en su forma de pensar.

¡Arremeta a la vida! En mi opinión, la mejor defensiva es una poderosa y tenaz ofensiva. Claro, no vaya a comprar un Bentley si actualmente solamente puede adquirir un lindo Buick. Pero no vaya más abajo del Buick en un intento de poder 'costear' su vida.

Sin importar cuándo o dónde se encuentre en su vida, lo que haya o no haya logrado, siempre será buen momento para detenerse ocasionalmente y evaluar las condiciones en las que se encuentra. Entonces, prepárese nuevamente para la siguiente serie de retos y emociónese por ir adelante.

Conclusiones: En la Biblia, hay un poderoso mensaje transmitido por uno de los escritores. "Agradece todas las cosas." Cuando se piensa en ello, usted nunca debería molestarse o enfadarse por nada, pues siempre existirá un beneficio – visible o no – por el cual ocurren las cosas.

Mientras escribía estas últimas páginas, fui al aeropuerto de Phoenix a recoger a una persona muy especial, y cuando volví a buscar mi coche donde lo había estacionado, no estaba ahí. Mientras lo estuve buscando, esto nos retrasó al menos cuarenta minutos cuando ya anochecía, hasta que finalmente pedí ayuda.

Estoy completamente seguro del mensaje. Seguramente por algún beneficio ocurrió eso. Quizá en nuestra relación. Quizá fue para que yo aprendiera a no volver a tener ese descuido. O quizá evité algún posible accidente en la carretera.

Durante el día la vida nos otorga pequeñas oportunidades. Algunas veces las vemos como obstáculos y dificultades insuperables. Algunas de ellas nos lastiman y hieren emocionalmente. Sin embargo, debemos ver cada una de ellas como lo que son, y darles el beneficio de permitirles entrar en nuestra vida de la mejor manera posible.

Al hacer esto, preparamos nuestros campos para las semillas que sembraremos en ellos, ¡y esto determinará la salud de nuestra nueva cosecha y los cimientos para nuestro futuro bienestar y éxito en la vida!

Por último, haga de su vida aquella que usted quiere que sea. ¡Siempre tenga en mente que usted tiene el control!

"Los sueños se vuelven realidad. Sin esa posibilidad, la naturaleza no nos incitaría a tenerlos."
John Updike

www.philipbrewer.com

Contácteme en cualquier momento:

www.philbrewer.com

blog: www.pwbrewer.com

Otros libros de Phil: *Amazon Author page:*

"Changes the Book - A Remembrance of Sorts"

"Fighter Pilot in the Kitchen - A Cookbook for Every Man"

Phil está disponible para coaching y charlas.

"Phil ha demostrado gran éxito en los proyectos que ha emprendido y es un hombre de negocios muy exitoso"
Gary Brown, Dueño, Brown & Associates.

"He conocido a Phil por más de 15 años y es una de las personas de más confianza que he conocido en mi vida. Es excelente en conexiones e instantáneamente se conecta con gente que conoce. Es una de esas personas jamás se encuentra con un extraño. He trabajado con él en varios proyectos a lo largo de los años, y si tuviera la oportunidad, lo haría nuevamente sin dudarlo."
Russell Landry, CEO/Presidente, Landry Home Health Supply, Inc.

"Phil es un buen, activo y brillante amigo que siempre busca innovaciones y las mejores estrategias de negocio." *Pedram Owtad, IT, Prologic Technology Group LLC.*

"Phil ha motivado a muchas personas a llegar más allá de lo que creían que podían lograr a través de su tutoría y su liderazgo. Mi

visión de lo que puedo lograr ha sido altamente mejorada por mi relación con Phil."
John Thelen, IT Development Manager, Prisma Graphic Corporation.

"Phil es una figura increíblemente inspiradora, quien se destaca enormemente del sombrío paisaje de la modernidad. En su libro, lleva su sabiduría a nuevas alturas para cualquier lector. El resultado es una absoluta alegría, ya sea que necesites un empujón fuerte o leve hacia una mentalidad positiva." *Mark Brewer Brewer & Pritchard PC. www.bplaw.com*

"¡Qué libro tan inspirador! Me gusta su ritmo y todas sus analogías con el vuelo. La manera en que comenzó con 'nos liberamos de las ataduras de la gravedad y comenzamos a subir'… y tantas otras citas memorables: 'Las reglas son buenas para esconder cuando no tienes una mejor idea y el talento para llevarla a cabo.' O – 'Una de las bellezas de una aeronave de un solo piloto es la calidad de la experiencia social.'

"El consejo es excelente – reconocer nuestros logros a pesar de su tamaño, y no permitir que una pequeña decepción nos desvíe del camino; no permitir la mala hierba de los pensamientos del fracaso, etc... La analogía de los cangrejos en la cubeta es totalmente cierta. *William Cates, autor de* <u>The Unlimited Salad Bar</u> *y de otros entretenidos libros.*

"¡Consigue este libro! Gracias Phil por tu apoyo y tu servicio a nuestro País" *Coach Ron Tunick, autor de* <u>The Thinking Room</u>. *Presidente de Nations Transaction Services & locutor de radio.*

"Realmente aprecio la forma en la que el autor compara pilotear aviones con hacer negocios. Está escrito de una manera fácil de entender para cualquiera. El autor presenta enriquecedores ejemplos de la vida diaria que pueden ser aplicados al campo de los negocios. A lo largo del libro, he encontrado inspiración y he aprendido que con una correcta mentalidad, disciplina y actitud, realmente podemos lograr las metas que hemos fijado en nuestra vida. Recomiendo ampliamente este libro a los lectores interesados en expandir su conocimiento sobre cómo vivir la vida al máximo y como tomar los pasos necesarios para cumplir sus objetivos." *MBB*

"Si te encuentras atorado, procrastinando en algo, y/o necesitas un coach personal, un buen lugar para empezar es con esta rápida lectura llena de motivación. Las citas por sí solas (y hay muchas de ellas) valen el precio del libro. La analogía con el vuelo y el entrenamiento para volar es interesante e incluso pudo haber sido llevada más allá. Inicialmente no comprendía el uso de tantas fotos de aviones. Hacia el final del libro, me di cuenta de que el ver una foto cada pocas páginas había enviado a mi cerebro una especie de mensaje subliminal acerca de mi habilidad de 'despegar' en ciertas áreas de mi vida y volar como un águila. O un avión. Creo que un mejor diseño gráfico hubiera hecho el libro más fácil de leer, y no estoy en total acuerdo con la premisa de que uno puede hacer cualquier cosa que se proponga. Sin embargo, esta mini sesión de coaching me dio el empujón que necesitaba para iniciar un proyecto que había estado desarrollando en mi mente por 3 años. Así que en ese sentido, ¡misión cumplida!" *Val*

"Una vez que empecé a leer ya no podía dejarlo. El autor compara conceptos de la vida real con aquellos que aprendió como piloto, y eso realmente hace que la lectura de este libro sea un disfrute. Ansío leer el próximo libro que escriba." *Rob*

"Una breve y clara representación de los principios y prácticas de un piloto aviador exitoso, y cómo aplicar esas prácticas y principios en la vida. Te ayudará a despegar de la tierra y a volar." *SBpop*

"Este libro me pareció motivacional y fácil de leer. Una vez que empecé a leerlo ya no pude dejarlo." *Robert*

"Este libro reúne los sencillos principios acerca de los negocios que, de alguna manera, carecemos muchos de nosotros la mayor parte del tiempo. Este libro sin duda te impulsará a ser lo mejor que puedas ser y a tener éxito en tus metas." *Laura*

"Fácil de leer y de implementar. Muy inspirador. ¡Gran libro! Definitivamente lo compartiré con mis compañeros de trabajo y mis amigos. Una lectura obligada para todos aquellos en el mundo de los negocios." *R Wilson*

"No son necesarios juegos de palabras de aviación ni réplicas ingeniosas. Sólo un honesto exhorto a que compres este libro. Escrito con claridad, concisión y lleno de excelentes consejos, este libro es una lectura obligada – del tipo que se puede leer una y otra vez. 'La Guía del Piloto de Combate Para los Negocios' ayudará a iniciar una nueva carrera, le dará nueva energía a un negocio, y será útil en todos los aspectos de tu vida. El Sr. Brewer obviamente tiene un excelente entendimiento del despegue, tanto en el aire como sobre la tierra. No desperdicies otro día, ¡compra 'La Guía del Piloto de Combate Para los Negocios'!" *Bod*

"Al inicio pensé que este sería otro libro destinado a ayudar a los altos directivos a salir adelante en los negocios. No me tomó mucho tiempo darme cuenta de lo equivocado que estaba. Aunque yo he estado retirado por varios años ya, pronto me di cuenta que el libro me hablaba directamente. No solo me animaba a hacer un balance de mi vida y a pensar y aclarar mis metas, sino que me presentaba pasos sencillos que me permitirían llegar a cualquier lugar que quisiera en mi vida. Sorprendente. Y yo que pensaba que era demasiado viejo y sabio para aprender trucos nuevos, en especial de un piloto de combate. Gracias Phil." *Al*

Amé este libro... Siendo justos, soy un fanático de los aviones así que tengo predisposición a que me guste cualquier cosa relacionada con aviones. Pero Phil Brewer, ex piloto de combate, toma lecciones que aprendió en la cabina y las aplica al mundo de los negocios. Lo que me gustó es que el Sr. Brewer claramente explica los 4 pasos para el éxito en los negocios (nuevamente, desde una perspectiva de un piloto de combate) entrelazando

sus anécdotas como piloto e imágenes de aviación. Un pequeño libro muy bueno."
Daniel Hall (Best selling Author of "Speakers Cruise Free)

Phil Brewer – Piloto de combate, hombre de negocios, empresario, consultor, autor, publicador, coach y orador.
Mayores logros:
Desarrollador para Mobile Text Marketing Business.
Presidente en International Orthodox Christian Charity, manejando 24 librerías en el Reino Unido.

www.philipbrewer.com

Desarrollador en un negocio de distribuciones médicas y oficinas médicas.
Dueño y desarrollador en un negocio de Red de Mercadeo, responsable del entrenamiento de cientos de aspirantes a dueños de negocios y franquicias.
Organizador, orador y entrenador para grandes eventos con asistencia de miles de personas.
Gerente de Distrito en una gran cadena de comida rápida.
Dueño y desarrollador de una cadena restaurantera con 9 restaurantes.

Roles como Piloto Profesional:

Piloto entrenado para el combate/ataque, piloteando el A7D Corsair II y posteriormente el A10 Warthog.

Piloto Instructor Formal de Curso de la Fuerza Aérea de los Estados Unidos, A10A.

Piloto instructor bajo contrato civil en Royal Saudi Air Force en simulador de aeronave F15C. Piloto en Saif, Arabia Saudita. Supervisor de Seguridad de Rango en Khamis Mushayt, Arabia Saudita.

Capitán en Aerolínea Internacional.

Phil recibió su título universitario en Historia y Estudio Aeroespacial en Southern Illinois University, Campus Edwardsville.

Phil está casado, tiene un hijo y 3 nietos.

www.philipbrewer.com

Agradecimientos:

mi fantástica amiga y esposa, *Monica*

¡Agradecimiento especial a *Whitney Sawyer* por la portada!

David Leal - por la traducción a Español!

"Un día sin risa es un día desperdiciado." Charlie Chaplin

www.ingramcontent.com/pod-product-compliance
Lightning Source LLC
Chambersburg PA
CBHW051544170526
45165CB00002B/875